AUTOLÍTICA

Amanda San Segundo Tirados

COLECCIÓN ITES

AUTOLÍTICA

© Amanda San Segundo Tirados Zamora
© Prólogo: Carlos Alfaro
© de esta edición: Olé Libros, 2025

ISBN: 979-13-87620-12-7
Depósito legal: V-265-2025
Impreso en España

KALOSINI, S. L.
Grupo editorial **olélibros**
equipo@olelibros.com
www.olelibros.com

Habitáis mis pensamientos continuamente,
ahora podréis vivir aquí.

Un beso al cielo para todos a los que perdí.

PRÓLOGO

En ocasiones conoces gente que te hace temblar la voz y en ocasiones te tiembla la voz por conocer a alguien. Pues eso es lo que pasa cuando Amanda desgrana cada palabra.

Perdón, empiezo desde el principio.

Vengo a intentar explicaros cómo es conocer a la autora de este libro y de verdad que creo que su poesía habla mejor por ella de lo que lo haré yo, pero lo voy a intentar.

Amanda es ese susurro en una noche, la flecha llena de flores negras que sabes que llenará de dolor y belleza una herida.

A ver, perdón, que me lío con palabras que diría mejor ella, y en las próximas páginas lo vais a ver.

Amanda es una chica que cuando escribe lo hace por la necesidad de sangrar y desangrarse en el papel, que busca en cada palabra la fuerza y que sabe que todo lo que dice tiene un dolor específico en el verso y una caricia certera en la voz.

Ella no sabe todo lo que hace porque le sale solo y a mí, como espectador y lector, me sorprende, pero es cierto que tiene una inocencia y frescura que se agradece leer.

A ver, que no sé si me explico, y seguramente Amanda lo haría mejor, pero oírla o leerla es entender un poco más la vida y querer un poco más a la poesía.

Justo esa es la idea.

Amanda es poesía de la de verdad, de la que nace en el dolor y la verdad, de la que adorna palabras para hacerlas más fuertes y de la que te deja con ese regusto amargo a sangre en la boca.

Eso vais a encontrar en este libro: POESÍA.
Lo que dije al principio: si estáis preparados para temblar,
aquí tenéis a Amanda para sentir poesía en cada palabra.

Carlos Alfaro

Papá

I

Abro a E4,
esperando tu movimiento a C5,
controlas D4.
Siempre defiendes igual.
Me escudo en mis peones sin dejar de mirarte.
No atiendes al juego porque nunca pierdes.
Desatiendes mis peones,
limitas tus movimientos a acabar con las figuras de más valor.
Me da igual perderlo todo.
Me obligas a encerrarme,
a proteger mi rey de tu ataque constante,
como si no lo esperase.
Enroque.
Continúas
Nunca pierdes,
lo tienes claro.
Te da igual porque lo sabes,
pero
contra mí no.
Corono mis peones,
recupero mis figuras,
elimino parte de las tuyas,
te pongo en jaque.

Ya perdí toda la última vez que jugamos,
solo te la juegas tú,
y esta vez
no me vale con ganarte.

Solo van a quedar blancas en este tablero.

II

Te he declarado la guerra mucho antes de intentar cualquier otra cosa,
lo he hecho,
aun sabiendo que no serías la única víctima.
Me has quitado el sueño sin razón,
cuando deberías haber sido quien lo velaba,
has sido el monstruo de debajo de la cama,
el que se esconde en el armario cuando te das la vuelta,
el que te despierta.
He esperado de ti lo que veía en otros,
he cambiado quién era para llegar a quién eres,
perdiéndome,
sin llegar a encontrarte.
Casi se me olvida cómo seguir soñando.
Ahora me miro
y me veo,
y me arrepiento
de todo el tiempo que no debería haberte dado.
Comprendo por fin que no dependía de mí,
que siempre fuiste tú,
que nada iba a invertir tu actitud,
que tu conducta no era consecuencia de la mía,
que eras tú,
siempre has sido tú.

No puedo encontrar amor en alguien
                    [que probablemente no sepa lo que significa.
Tú,
que me lo reclamabas de forma constante,
como si un gesto pudiese encerrar un sentimiento.
Lo has destruido todo con tus palabras,
tus miradas,

tus formas,
has derrumbado el amor que probablemente siempre he sentido solo yo.
ahora estamos en el mismo tablero,
voy con blancas,
pero
eso ya lo sabes,
llevamos jugando un tiempo de la misma forma.
ya he ganado,
sea cual sea el veredicto ajeno,
me he ganado a mí.
No necesito un padre que no sabe serlo.
Con la venda de los ojos me corono,
me muevo mejor que tú,
estancado,
siendo el rey.

Ambos sabemos cómo acaba esto.

III

Te habría cubierto de cualquier explosión,
aun sabiéndome víctima.
Ahora,
autora de los hechos,
anilla de seguridad en mano,
estoy esperando impaciente los cuatro segundos eternos a que todo explote.
Tú también.

IV

No pretendías enseñarme a jugar.
Me recuerdo entre tus brazos,
pequeña,
curiosa,
atenta,
mirando tus cartas.

No pretendías enseñarme a jugar
y ahora juego mejor que tú.

V

Pasaste de hacerme sentir gigante sobre tus hombros
a hacerme sentir pequeña delante de todos.

Eso no se hace, papá.

Cáncer

Para mamá,
por quedarse conmigo durante todo el camino, lo conseguimos.

I

Hoy vuelvo a recordarte.
A todos.
Seguiréis aquí,
en mi recuerdo,
al menos.

No importa el tiempo.
Seguiré yo.
Ya no duele,
ya no tanto.
Usaré todos los colores de las paredes que nos gustaban
                              [para los días grises que vengan,
no dejaré que nada me empañe.

II

No me doy el placer de sentirme fuerte por haber superado un cáncer,
no me lo doy,
porque el día que yo lo superé,
él se fue.
No puedo dármelo.

No después de que su madre dejara de contarnos cuentos
[para no dejar de llorarle.

III

Hoy sería tu día,
por fuerte,
por lucharlo,
pusiste bandera blanca,
y ella,
tramposa,
lo tiñó todo de negro
y dejé de verte.
Me enfadé contigo porque creyeras en mí,
me enfado ahora conmigo
por no haber creído en ti.
Cosías con lazos de colores heridas ajenas,
no soy capaz hoy de coserme las mías,
no fui capaz de coserte las tuyas,
lloré cada vez que me recordabas el pasado
por lo pesado que era,
sigo llorando
porque te has ido,
porque ya nadie me lo recuerda.
Comenzabas a olvidarlo todo,
pero
nunca te olvidaste de mí.
Los besos-tirita ahora tiritan
porque no se dan,
porque se han olvidado.
Recuerdo fustigada tu mirada,
la que me ponías cada vez que preguntaba,
te faltaba un pecho,
me falta a mí ahora el aire.

De a pocos absorbías la quimioterapia,
de a pocos,
me la quitabas,
tirabas de mí
y yo te tiré a ti.
Te pido perdón,
pero no me perdono.
Habíamos ganado las dos,
veinte años después perdiste tú,
seis meses después tiemblo yo;
volvió
y te llevó,
no fue covid,
fue cáncer de mama
y no pude despedirte,
no pude abrazarte,
no pude quererte como lo hago,
te enterré en mi cabeza
y ahora que lo estás,
fuera de ella,
me pesas.
Luchaste fuerte,
me toca a mí ahora,
voy a luchar en tu nombre por batallas que no llevan el mío,
pero
brilla esta noche en la luna,
dime que me escuchas.

Perdóname, abuela.

IV

Nunca entendí quién eras.
sonabas ruidoso en los oídos ajenos de los que sí,
eras silencio,
no escuchaba los acordes escandalosos que producías,
no entendía el vacío
que tus pasos invisibles tejían
mientras te adentrabas despacio
en mi profundidad.
No creí haberte ganado.
No existía batalla alguna para mis ojos ciegos,
no existías para la niña que estaba siendo.
Te descubrí en la ensordecedora herida,
en la dolorosa oscuridad,
en el final de las vidas que te quisiste llevar.
No entendí quién eras,
sonabas ruidoso en mis oídos,
más débil en los ajenos.
y la batalla que no creí haberte ganado
volvió a empezar.
Te descubrí en el ensordecedor tiempo,
en las agujas clavándose
en las sombras de la verdad.
No entendí quién eras
y oculté tu reflejo en cajas de recuerdos,
en mi armadura de papel,
entre las grietas de mi piel.
No creí haberte ganado,
me he vuelto sorda en tu aminorada victoria.
me he vuelto ciega en tu implacable avance,
abstracto dorado,
forjado con las medallas que te has llevado.

No pierdes,
es imposible vencerte,
pendes de un hilo con la muerte,
tejes futuros malditos
recuerdos oscuros,
vidas tristes,
vacíos latentes,
no desapareces.
Aflojas el hilo con sátira,
ensordeces los latidos
del que cree
que te ha vencido.
No entendí quién eras
hasta que destruiste la venda
con tu asfixiante presencia.
inmortal profanador de la inocencia.
Ensordeces mis latidos,
paralizas mis dedos,
aflojas mi respiración,
ahogan tus manos mi cuello,
me tambaleo
en el hilo tejido
por tus astutos juegos
y en el abismo del contrato
qué firmas
recurrente,
con la muerte
que me niego a firmar
cada vez que vuelves.
Empujaste con tu progreso a mi hermano guerrero,
con tus tácticas,
a la hacedora de mi tablero,
con tu paciencia,
a los soldados observadores de tu holocausto crédulo.

Ahora el campo es mi cuerpo
y las armas son ellos,
arropándome con esperanza
en el abismo de tu recuerdo,
arrasando con los frágiles hilos de tu ego.
Y en la batalla las flores de mi fragilidad
atravesando el asfalto
en contra de tu voluntad,
meladas por el contacto
de tu extracto corpóreo,
recupero con el toque la victoria que no me has dado
y las medallas de todos
los que te has llevado.
.

Tú y yo

I

Quiero contarte los secretos que me conforman,
guiar tus manos
por los regolitos de mi superficie,
dejarte explorar,
como no a otros,
alterar mi rotación sincrónica,
sacarme de órbita.

Quiero arriesgarme al recuerdo,
permanente,
de tus huellas,
sobre las partes que toques,
caer presa del tiempo,
olvidarnos de las fases.

Quiero confesar
que no son las mareas las atraídas esta vez,
que estoy desorientada,
que no hay fuerza gravitacional alguna,
que te quiero cerca.

II

No consigo leerte,
se me escapan entre los dedos los versos que no pronuncias,
los acertijos que esperas que los demás acierten.
Me atrapas entre las líneas invisibles de lo que no está,
de lo que podría,
de lo que sí,
de lo que quizás.
Me dejo mecer por el juego,
con cuidado,
gano cada día si te hago sonreír,
si te hago perder,
aunque por un segundo,
la cordura.
Me desenredas los nudos de a pocos,
todos tus sin querer,
esos tan tú,
que me acercan a ti.
No me hace falta bailar
si cantamos los dos.
Busco llenar tus silencios de mis desorbitados ruidos,
haciendo eco,
cuando no tengas más que decir,
o no quieras.
Prolongas el tiempo,
en cada susurro,
porque no preparo las trincheras para guerra alguna,
me mantengo en paz,
al son de tu armonía nocturna.

Quisiera poder hacer de mis silencios versos,
contarte la mentira de la armadura que no cae,
que no existe,
que se disolvió la primera vez que me desperté contigo al otro lado.
Quisiera decirte la verdad,
la que escondo sobre mis miedos,
la de que perderte es probablemente el que más me hace temblar.
Quisiera describir las mariposas que habitan dentro,
las que llevan tanto a oscuras que ya no saben de qué colores son.
Quisiera decirte que eres el espejo en el que han recordado que tienen alas,
que se han visto,
que recuerdan cómo volar,
de nuevo,
sin tanto miedo.
Quisiera decirte,
confesarte,
que me imagino de tu mano.
Quisiera hablar de los cristales de dentro,
de los que suenan con tanto escándalo,
que no recuerdo ya como bailar.
Quisiera dejar de sentir como si cada respiro fueran bocanadas
                        [de aire después de casi ahogarme,
que supieses
que no me siento ahogar de la mano de tus versos,
que has traído paz a una guerra que no habías empezado.
Quisiera que mi silencio te gritase todo lo que me callo,
todo lo que te siento.
Quisiera que supieses que en las trincheras de mi pecho
                        [haces que crezcan las flores,
no veo los golpes.
Que has puesto en jaque a mis miedos
y veo alejarse a sus tropas cada vez que te escucho.

IV

Deconstruirme,
tirar mis murallas
y abrir la puerta a la niña de dentro de mí,
mirar al miedo,
hacer con los escombros un castillo enorme,
asomarme al abismo,
atreverme,
ser juntos.

V

Podría dormir con el frío calando si emanas calor cerca de mí,
podría dormir sin luz si la tapas con tus dedos,
podría volar con mis dos alas rotas si juntamos nuestras cuatro,
podría olvidar lo evidente y hacernos algo diferente,
podría perderme sin hacerlo si te tengo más cerca que lejos,
podría pisar firme sobre nubes si pisamos ambos,
podría hacer con todos mis cristales una ventana si da a mirarte,
podría convertir mis ruinas en castillo si reímos dentro,
[podría ser parte del cuadro sin pintarlo al sentirme arte a tu lado,
podría usar nuestros llantos para regarnos y crecer mucho más alto,
podría tirar muros empujada por las ganas de ganarte,
podría contar hasta mil si conforman los abrazos que espero no dejar de darte.
Podría hoy no dejarte,
podría,
si te quedas.

33

VI

Dejaré de quererte cuando no exista el sonido,
cuando sea el silencio el dominante de unas calles tristes,
cuando los cristales no se empañen por el vapor,
cuando no haya vapor,
cuando escasee el agua
y se nos obligue a ser más cautelosos;
cuando desaparezcan las estaciones,
ese momento en el que siempre será verano,
o siempre hará frío;
cuando los versos sean solo frases simples sin rima y no digan nada,
cuando se construya sin cimientos previos;
cuando una despedida sea solo eso
                    [y no vaya acompañada del amargo querer pasado;
cuando se olvide la empatía;
cuando todos los continentes se conformen en uno;
cuando el pasado no duela,
cuando no marque el presente y no motive a un futuro;
cuando la superación se convierta en cansancio,
y el cansancio de paso a rendirse,
cuando no florezca en primavera,
cuando nadie cuente pétalos empujando el querer a la suerte,
cuando se extingan las estrellas,
cuando se apague el sol,
cuando se fundan las luces y no vuelvan a encenderse después de la tormenta,
cuando se haga esta,
cuando al trueno no le preceda una luz,
cuando el color vuelva a ser motivo de odio,
y cuando el odio nos ocupe,
cuando nos volvamos todos ciegos,
cuando nos volvamos todos mudos,
cuando deje de buscarse aquello que se pierde,

cuando no exista la ilusión,
cuando ya no estés tú,
cuando ya no esté yo,
cuando nos perdamos en el recuerdo de alguien que ya no exista,
y entonces,
aun con todo eso,
tal vez,
no dejaría de hacerlo,
no dejaré de quererte.

VII

Supongamos que somos pasajeros,
que decidieron mirarse,
en un tren ajeno,
de esos que no pasan siempre,
que corresponden tan solo a un momento.

Supongamos que somos de esos,
que decidieron hablarse,
que decidieron quedarse,
que se olvidaron entre miradas de bajarse.

Supongamos entonces,
que el momento permite otro,
que no esperamos a cruzarnos,
que olvidamos el destino,
que nos quedamos.

Supongamos después,
que termina el trayecto,
que el momento se acaba,
que debemos bajar,
sin querer,
en la siguiente parada.

Supongamos un final,
la estación que no espera,
en la última parada,
la llegada de dos cómplices
que se olvidaron,
queriendo,
de parar antes.

Supongamos que bajamos,
que el tren se para,
y que decidimos,
sin pensar,
salir de la mano.

VIII

Imagina que nos despertamos con el recuerdo del tiempo consumido
[por nosotros,
justo antes de irnos a dormir.

Imagina que bailamos en la cocina,
que tus manos agarran mi cintura,
que tus labios rozan mi clavícula.

Imagina que paseamos,
que se rozan nuestras manos,
que la calle se apaga,
que el tacto combustiona,
que nos acercamos.

Imagina el vuelo que no cogimos,
cogerlo,
ser menos de la distancia
y más nuestros.

Imagina una puesta de sol,
tus dedos acariciando mi espalda,
mi mirada viendo atardecer,
tu mirada puesta en mi tez.

Imagina que nos sentamos en una barra,
cerveza caliente por el tiempo embrujado entre nuestras manos,
entre la cercanía que nunca se ha dado.

Imagina mis versos sin un altavoz,
susurrados,
cerca de tu oído a través de mis labios.

Imagina al tiempo sin sátira,
a la distancia sin burla,
a las palabras sin escondite posible para asaltarnos por lo que nunca te dije.

Imagina mirar las estrellas,
sentado a mi lado,
sin imaginar que lo estamos.

Imagina un corazón frágil,
un abrazo sincero,
un tacto mordaz para el miedo.

Imagina no tenerlo,
no haberlo tenido,
no habernos vueltos ciegos.

Imagina que siguiésemos siendo,
mucho más,
que cualquier verso.

Y ahora imagina que todo esto pasa,
sabiendo
que tal vez,
podrías haber sido el amor de mi vida.

IX

Aún siento tu tacto...
Aun cuando fuiste obligado a abandonar mi espacio,
aun cuando fuiste desertado...

Comprendí en tu presencia el dolor de tu ausencia,
orienté mi brújula en dirección contraria,
perdí mi esencia en el norte donde habitabas,
oscurecí mi alma,
evité la luz que emanabas,
oculté las estrellas con las que me comparabas
y me dejé engullir en el agujero negro portado por manos ajenas,
no sinceras,
embusteras,
me dejé mecer por ellas,
te mecí a ti entre mentiras,
acabé creyéndolas,
hasta volverme
totalmente ciega.

Ya no hacía daño tu ausencia,
orbitando en las estelas de las nuevas promesas,
olvidando la procedencia de cómo se han forjado,
y tú mientras observando
cómo me iba apagando.

Con la verdad en la mano,
y la certeza del final,
de la oscuridad eterna,
en el silencio absoluto,
en la prisión sempiterna,
ya no había posibles para mi inminente pérdida.

Pasé a formar parte de otros,
no quedó recuerdo alguno de quienes fuimos nosotros.
Y en tu tacto de emergencia
rescataste a la niña
del epicentro de mi tierra.

Caos galáctico,
estrellas muertas,
oscuridad densa,
luna nueva.

Tiempo eterno,
para ti que observas,
tiempo lento
para mi yo prisionera.

Soldado espacial,
luna llena,
recuerdos pasados;
aún siento tu tacto.

Entre mentiras encuentras tu espacio.

Agujero de gusano,
camino directo al gélido centro al que me he mudado.
Ardes de verdades,
actos atómicos,
chocas contra las murallas establecidas por otros.

Supernova,
atraes el pasado,
y en la explosión mi legado.

Luna menguante,
para acunarme,
constelaciones
para orientarme,
al centro del norte
del que no debí escaparme.

Cielo claro,
sinergia estelar,
simbiosis espacial,
recuerdos galácticos,
cruda realidad,
no quiero despertar.

Espejismos pasados,
cuerdas salvavidas,
hacia la luz
que he abandonado.

X

Podría dejar de mirar debajo de la cama,
podría dejar de temer al monstruo de debajo de ella.
Podría contar las estrellas,
podría si nos perdemos una noche en ellas.
Podríamos volar sobre cualquiera
si acaricias mis alas rotas con la misma delicadeza
                      [que dices querer tener con mis labios.
Podríamos ser de nuevo nosotros,
si nos tocamos.

XI

Sería muy sencillo explicarte qué es el miedo,
pero se me hace más complejo explicarte porque me lo produces tú.

XII

Eres como el momento exacto de un eclipse esperado donde todo oscurece y tienes apenas unos minutos para disfrutarlo, solo que espero que dures más de un minuto y que no esperaba para nada que llegases.

XIII

Puedo contar la cantidad de meses
      [que nos hemos quedado mirando la luna llena,
la cantidad de meses que hemos visto
      [cómo iba cambiando y se iba haciendo más pequeña.

XIV

Eres la forma más bonita que tiene la vida
       [de decirme que de esto se sale, contigo.

XV

No me salvó la distancia,
de la fisión nuclear,
de las isótopas mariposas,
con las que decidiste entrar,
al oscuro centro,
al que era incapaz de mirar.
No necesité auxilio,
ante el bombardeo colectivo
de las sensaciones abrumadoras
que sentía contigo.
Seguridad inminente,
en la que se meció mi mente,
cuando cubriste mis huecos,
de verdades inherentes.
No resistió muralla alguna
tras la reacción en cadena
de la energía explosiva
como consecuencia directa
de mi fisión con tu núcleo,
al liberar mis cadenas.
Destrucción masiva,
sube la temperatura,
hipertermia,
al pensar en tu cercanía,
en tu presencia corpórea
y tu risa.
Zona cero,
fusión nuclear,
en tu boca deuterio,
tritio en mi necesidad,
convergiendo hasta estallar,

y tras el caos:
la paz.
Hiroshima mis miedos,
Nagasaki tu recelo,
pioneros en utilizar el mal,
para algo bueno,
poniendo fin a la guerra
en la que nos encontrábamos presos.
Consecuencias atroces,
en nuestra explosión,
para los ajenos habitantes
que no entienden de amor.
Radiación en mis manos,
heridas del pasado,
sinergia mortal
contra el pretérito evocado,
sin física cuántica
capaz de explicar
el renacer de dos cuerpos
tras implosionar.

XVI

Intenté pretender que mis excusas
cubriesen todos tus fallos,
busqué en ti
lo que no sabía que también yo podía darme,
me conformé con tu presencia,
aun siendo esta
lo único que querías darme.
Abogué en contra de tus errores,
busqué soluciones para no hundir el barco,
me quedé en el timón,
esperando
que tú también lo hicieses,
antes de hundirme.
Me antepuse al iceberg
esperando al límite
sabiendo que el choque,
tal vez,
fuese a darse.
Esperé a oscuras,
con la venda del amor que me vendías,
que me ayudases a soportar el impacto,
sin pensar por un momento
que serías quien me empujase a dármelo.
Te creí conformista de los ápices que te ofrecía,
no dudé,
hasta el golpe,
de la posibilidad remota del ya naufragio.
Creí ilusa
que solo compartirías conmigo
la intimidad que pretendía
darte yo también,

solo a ti,
y no te ha sobrado el tiempo
para que tu boca ocupe otra,
y que la mía
se quede sola.
Sincericidios,
tus mensajes de texto,
como dagas mortales,
a un corazón que creyó
todas tus verdades.
Siento que me ahogo,
donde has decidido acabar
con lo que una vez prometiste
que no llegaría
a su final,
y lo cierto es
que ahora solo veo un cobarde
que necesita efimeridades,
que no sabe compartir,
que solo sabe de recibir,
de otros,
lo que no es capaz de dar a nadie,
que tu venda diluida ha dado paso a tu real imagen,
que los recuerdos bonitos
son pantallas de humo
en las que decidí reflejarme.
No sabes, del amor,
que el daño
es sin querer,
y no pensando,
que tu inconsciencia mentira
ya no va a colarse,
para que perdone de nuevo,
todo lo que ha pasado.

Solo espero para ti
que no te encuentres en otra
lo mismo que tú me has dado,
y que te valgan
otras manos
y otros labios
para olvidar el hogar
que era de ambos.

XVII

Azaroso cosmos,
haciéndonos coincidir
tras una inmensidad de eventos
donde pude encontrarme
en la luz que reflejabas
tras de mí.

Dejé de percibir
la oscuridad plena
en la que habitaba
como el lugar
lleno de miedos
del que no podía salir.

Mes sideral,
frágil,
ante la luz que desprendes,
haciéndome llena,
siempre.

Salud mental

I

Es como si alguien estuviese esperando en tu puerta
                    [hasta que se te olvida cerrarla
y entra,
y te lo quita todo.

Es la definición de una recaída.

II

Érase una vez una niña que quería crecer, se imaginaba que todos los pájaros que tenía en la cabeza volarían a donde ella deseaba y cumpliría sus sueños, estaba tan segura de ello que al estirar las manos ya trataba de tocarlos; mientras crecía se encontró con más pájaros de más cabezas y se olvidó de los suyos propios, que se quedaron ahí y no supieron salir.

Érase una vez una adulta que quería morirse, se había convertido en carroña de los pájaros de las cabezas de los demás y había dejado morir a los suyos propios.

III

Se avecina tormenta,
lo sé,
te conozco bien,
demasiado tiempo jugando conmigo.
Las previsiones notan a mi cuerpo paralizado,
y captan,
eficaces,
el nudo ahogando en mi garganta.
Probablemente vengas a ganar,
y quizás
o casi con seguridad lo hagas,
pero no quiero a más marineros en la borda
            [intentado controlar mi barco, me toca a mí,
como capitán,
quedarme aquí,
totalmente sola.
Hundirme o nadar.

IV

Abordo el miedo,
respiro hondo,
me traga el mar.

Sin paracaídas,
toco fondo,
no puedo caer más.

V

Quiero volver a intentarlo.
Plasmar miedos en palabras,
soltar el aire que retengo,
dejar de ahogarme en gritos
  [sin que nadie note manos invisibles apretando mi tráquea.
Necesito liberarme,
romper las cadenas que marcan mis muñecas,
que me hacen daño.
Quiero dejar de subordinarme a mis miedos,
comenzar a ser el sujeto de mi historia.
Necesito necesitarme.
Firmes los muros entre los que me encuentro,
me tambaleo,
sin embargo,
yo.
Sin salida,
termino siempre en el mismo punto.
Me miro,
soy más de ellos que de mí.
Aterrada sabiendo que solo me puedo salvar yo,
que nadie más puede hacerlo.
Congelada mi consciencia pierde el rumbo,
y el fuego lo rompe,
no lo arregla.
Sin términos medios,
ni caminos paralelos.
He superado los límites,
ya no sé volver a atrás.

VI

Me aturden quienes intentar sujetarme,
firmes,
tirando de mí.
Lucho para perder porque no sé no hacerlo. Interminable.
Tempestad.

VII

No estoy segura,
procuro no estarlo para que el golpe,
si lo hay,
sea menor.
Mi habitación no parece el infierno de siempre,
no queman las paredes,
no arde el suelo en la planta de mis pies.
Se respira sin cenizas,
y no me lo creo.
Estoy totalmente aterrada
y creo estar volviéndome loca.
Empezó aquella noche,
cuando sangre y acero se convirtieron en parte de mí.
Han desaparecido.
Ahora no estoy sola.
No lo estoy.
Grito
y se escucha.
Grito,
ferozmente,
y rompo cristales.
Me escuchan.
Espero
por fin
poder salir.
Tengo la esperanza envuelta en impermeable
                    [en medio de toda esta tormenta.
Las nubes se vuelven blancas.
Parece que va a dejar de llover
y todavía no me he mojado.

VIII

Quisiera poder deshacerme del sentimiento de culpa constante
[que yace latente sobre mi pecho,
que se expande,
que me paraliza,
que ahoga mi voz,
que inmoviliza mis pasos,
que ahoga mis gritos,
que me tambalea.
Quisiera hacerlo a un lado,
que los sentimientos ajenos no puedan con mi egoísta ego,
que mis pasos sean más fuertes,
más densos,
más estables,
más firmes,
más míos.
Siento que no camino,
nunca,
por delante,
que sigo el sendero de otros como si no pudiera forjar el propio,
como si no hubiese camino solo para mí.
Quisiera no mecerme en el arrepentimiento,
que no fuera cuna,
que no forjase insomnio,
que no construyese muros a favor de otros,
que la pantalla de humo se disipara,
que me viese a través de mí,
sin el dolor que he provocado a otros,
que el que me han provocado a mí latiese con más fuerza
[recordándome que mis pasos tras los ajenos son lo que me apena,
que tras mi armadura sigo estando yo.

Que las bromas sobre los traumas no les quitan peso,
que los hacen aún más foscos.
Quisiera reconocer que duelen,
que no hay palabras aún para constituirlos,
que se me hace imposible perpetuar el pasado,
que evito el futuro inminente en el campo de batalla donde miro a mis
miedos a los ojos, que tienen más fuerza cuanto más cierro los míos.
Que la venda que los cubre son las manos donde me refugio
y el refugio corpóreo no es más que otro cuerpo al que sigo a ciegas,
no es más que pasos que no son los míos,
                      [donde escondo mis sombras a través de las suyas.
Quisiera reconocerme imperfecta,
dócil,
blanda,
frágil
y en mi fragilidad la fuerza con la que dejo que me destronen de la corona
que una vez fue mía.
No hay tablero donde me sienta segura,
no hay movimiento que no me deje en jaque
y fue un jaque donde me coroné
y me gané a mí.
¿Hay cavidad para mí fuera de la culpa?
¿Hay algún tribunal menos implacable que el mío?
¿Hay tablas aún posibles para esta perdedora nata
                      [que se conforma hoy con una victoria a medias?
¿Hay victoria acaso detrás de una piel con tantas grietas?

IX

Siento que debería desinvertir mi tiempo,
que aquello que hago no es aquello que quiero,
que aquello que quiero no termina de coincidir con lo que otros me dan,
con lo que no dejo de dar.
Siento que me estoy consumiendo en el espacio compartido con otros,
que necesito un espacio donde habite solo yo.
Escucho las voces de mis demonios susurrar bajito,
están esperando,
los estoy esperando.
Me siento cada vez menos mía,
más de otros,
comienzo a no reconocerme entre los vértices de las líneas
[que trazan sobre mí,
no soy quien dicen que soy.
No me identifico con los pensamientos ajenos compartidos.
Me siento encerrada bajo ese techo,
encerrada también bajo ninguno.
No soy lo que ellos esperan,
no termino de ser quien espero de mí.
Donde habita el miedo hábito yo,
y lo estoy evitando como quien cierra los ojos para no
ver el abismo que se encuentra justo delante.
El miedo es un animal al que no estoy segura de mirar a los ojos.
El miedo soy yo misma,
y dejé de querer mirarme al espejo hace ya unos meses.
No soy de nadie, no soy mía,
no me encuentro en los detalles que ofrezco,
no me encuentro en nada de lo que estoy dando.
Trabajo en automático para otros consumida por el pesar al abandono
[que sé que ocurriría si no lo hiciese.

Siento que no converjo con nadie,
que el vacío solo es vacío
y no hay cavidad para nada más en él,
que no hay cavidad para mí en ninguna parte.

X

Sé lo que es estar dentro del círculo,
sé lo que es caminar sobre la línea que lo dibuja,
también sé lo que se siente fuera.
He sentido a mi fragilidad tambalearse sobre la línea,
también la he visto caer dentro.
He sentido las flores de mi pecho crecer en las trincheras donde nacen,
atravesar el asfalto ante las dificultades,
las he sentido también apagarse
ante la presencia de tantas sombras.
He sentido esa sensación demasiadas veces como para saber también
que no quiero sentirla.
He caminado despacio racionalmente en círculos,
orbitando sobre la idea de lanzarme dentro.
Entiendo lo que se siente cuando no quieres seguir caminando
más
de ese modo,
cuando quieres pararlo todo.
Entiendo lo que se siente querer morir.
He sentido el abismo,
me he sumergido,
he buscado tocar fondo
y he despertado allí.
Sigo luchando a diario para permanecer fuera,
después de la última vez.
Sigo observando dentro,
en el fondo,
desde arriba,
recordándome qué es lo que hizo llegar hasta allí.
La primera vez me empujó el miedo,
la segunda vez lo hicieron otras manos,
la tercera vez fui yo,
cargando con el peso de las dos anteriores.

Me he sumido en la culpa
y es ella quien me recuerda que no quiero caer.
He aprendido de la valentía del acto
que lo es mucho más seguir.

He descifrado el complejo truco,
donde resultó que nadie puede salvarte de ti,
más que tú.
Sé lo que es habitar en este círculo
y espero poder algún día
dejar de caminar en él,
encontrarme fuera,
tal vez,
en una línea recta,
sin toparme con el doloroso pasado
que me ha ubicado aquí.
También sé que el camino no está fuera,
que es hacia dentro,
que es hacia mí.

XI

Quiero decirte que ya no necesito estrellas fugaces,
y que esta vez,
cuando sople unas velas,
no pediré morirme.

Renacimiento

Me crucé con mi primer amor una tarde de primavera. Perdí su recuerdo una noche de invierno, sin querer, entre las manos de otro. No quise volver a verlo, evité a toda costa mirarlo de nuevo. No lo sentía mío, parecía ser de otros después de aquello. Habían profanado el amor más puro para sentir placer, sin mi permiso. Había evitado los espejos desde el día que me creí más de otro y menos mía.

Me he vuelto a cruzar con él. Lo observo. Observo mi reflejo, me percato del recelo en mi mirada. No me imaginaba este reencuentro.

Deslizo mi suave tacto sobre mi pálida piel. En los rincones escondidos encuentro las flores de las primaveras pasadas que no me había permitido recoger. Se escapa en un suspiro el miedo. Se dilatan mis pupilas, suplican con deseo. No lo evito más. Me miro, me veo. Enredo mis dedos entre el tirante del sujetador que aún me cubre. Lo desplazo despacio, lo bajo, tiemblo. Mis manos suplican más tacto e imantadas rodean mis pechos, acarician su forma, asaltan mis pezones, estremecidos, por sentir de nuevo. Se endurecen. Salivo. Humedezco mis labios, la sequedad provocada por la intensidad del despertar de mi libido me empuja inconscientemente a hacerlo. Me encuentro acariciando con mi pulgar la parte inferior de mis labios, deseoso de entrar en mi boca, de mojarse. Desvela mi lengua su escondite, acapara la atención, lame con mimo mis dedos. Entreabro mi boca, se despegan mis labios, dejo que la saliva los cubra al completo. Encamino mis dedos mojados por mi abdomen, bajan, amenazantes, acorralando la orilla de mis bragas, empujándolas. No puedo evitar volver a mirarme, desnuda, frente al espejo, me reconozco. Sigo jugando con uno de mis pechos. Gimo sobresaltada al notar la saliva de mis dedos deslizarse por los labios inferiores de mi cuerpo. No los controlo, cada gemido es seguido por otro.

Juego, presa del deseo, a frotar mis dedos mojados sobre mis labios, a deslizarse entre ellos, mientras mis yemas se introducen tímidas por mi vagina. Encorvo la columna introduciendo mi tacto más hondo, buscando la zona rugosa del interior de mí. Los fluidos marcan el recorrido que no puedo dejar de seguir. Continúo, sin pausa, haciendo cómplice de mi placer a mi clítoris. Aparecen los jadeos provocados por mi respiración entrecortada. Siento cómo la temperatura se eleva, cómo todo quema. Se intensifica la sensación de mi tacto, cierro los ojos, siento llegar al éxtasis a mi cuerpo, mis caderas bajan buscando la profundidad de mi contacto.

Encuentro la libertad en forma de orgasmo.

Abro los ojos. Mi pecho sube y baja sin cesar, aliviado. Me miro. Mis labios hinchados dejan paso a una sonrisa.

Me crucé con mi primer amor una tarde de primavera, era yo, casi me olvido de mí.

Frases

I

A tus labios les sobra poesía y les faltan mis besos.

II

Voy a hacer con tus lunares el recorrido de las agujas de mi tiempo, de nuestros besos las doce, vamos a sonar más que el reloj de la Puerta del Sol.

III

Soy de esa clase de personas capaces de soportar el impacto de un huracán, pero vulnerables a un suspiro.

IV

Llevo viviendo de nuestros recuerdos algo más de un mes y comienzo a consumirme, vas a tener que hacer magia y ser el ave fénix de mis cenizas.

V

Las personas tienden a pensar lo que es bueno para los demás
pensando en ellas mismas.

VI

Que si el tren eres tú mismo debemos asumir que vamos a terminar tan solos como comenzamos.

VII

Me paso a las letras y utilizo tiritas versadas a ver si curo, si te curo

VIII

Se dilatan mis pupilas encontrando consuelo en lo que nunca
me quitará el miedo

IX

Tengo recuerdos de ti estrujándome el corazón.

X

Eres el espejo en el que mis mariposas han conseguido por fin ver sus alas.

XI

Dejo que provoques un latir más rápido para que la hemorragia
de mi pecho termine de matarme.

XII

Lo único que me queda por perder es el miedo.

XIII

Hago presos con mis versos, soy yo misma presa de ellos.

XIV

Hacen falta muchas sombras para opacar mi luz.

XV

¿Y si todo lo que sentimos es solo ira transformada
en otras emociones desembocadas por el miedo?

XVI

No apagas la luz conscientemente de alguien a quien dices
que quieres.

XVII

Y escribo en el reverso de mis versos de odio que aún te quiero

XVIII

El único interés que tienes por mí se encuentra debajo de mi ropa.

XIX

No creo en el amor y no es por mí.

XX

No sabes, del amor, que el daño es sin querer y no pensado.

ÍNDICE